MW01092822

Si pudiera recibir cualquier regalo imaginable, uno que me hiciera feliz más allá de lo expresable en palabras... el regalo que elegiría serías tú, Hija... una y todas las veces.

— *Terry Bairnson*

Las ediciones en español
publicadas por
Blue Mountain Arts™

A mi hija con amor
sobre las cosas importantes de la vida
por Susan Polis Schutz

A mi hijo con amor
por Susan Polis Schutz

Adelante, niña… sigue soñando

Dios siempre está cuidándote

El amor entre madre e hija es para siempre

Las amigas son para siempre
por Marci

Para mi maravillosa madre

Para ti, mi alma gemela

Para una niña increíble/For an Incredible Girl
(Bilingual Edition)

Piensa pensamientos positivos cada día

Sólo para niñas

Una hija es el mejor regalo
que nos dio la vida

Una hija

es el mejor regalo
que nos dio la vida

Palabras para expresarle a
una hija que forma
parte de nuestro
corazón para siempre

Editada por Patricia Wayant

Artes Monte Azul™
Blue Mountain Arts, Inc. Boulder, Colorado

"Tú iluminas cada uno de mis días," "Hija, estoy tan orgullosa de ti," y "Siempre serás mi hermosa hija" poemas de Susan Polis Schutz. Propiedad intelectual © 1986, 1998 de Stephen Schutz y Susan Polis Schutz. Todos los derechos reservados.

Número de tarjeta de catálogo de la Biblioteca del Congreso: 2008905268
ISBN: 978-1-59842-353-2

Algunas marcas comerciales son usadas por licencia.

Los reconocimientos aparecen en la página 92.

Hecho en China.
Tercera impresión en español: 2013

✪ Este libro se imprimió en papel reciclado.

Este libro está escrito en papel fieltro blanco de 110 libras, con calidad de archivo. Este papel ha sido producido especialmente para estar libre de ácido (pH neutral) y no contiene madera triturada ni pulpa no blanqueada. Cumple todos los requisitos del American National Standards Institute, Inc., lo que garantiza que este libro es duradero y podrá ser disfrutado por generaciones futuras.

Blue Mountain Arts, Inc.

P.O. Box 4549, Boulder, Colorado 80306, EE.UU.

Índice

Una hija
es el mejor regalo
que nos dio la vida

Una hija es uno de los mejores regalos
que uno puede recibir
Comienza su vida amándote y confiando
automáticamente en ti

Por muchos años, eres el centro de su vida
Juntas experimentan el deleite de lo nuevo
que ella hace y aprende

Entras en su juego y vuelves a la infancia
Y aunque sea más difícil penetrar en su mundo
cuando es adolescente...

Estás a su lado, comprendes sus dilemas
y sus temores
Y deseas con todo tu corazón que no tuviera
que pasar por ellos...

La sonrisa de una hija es una imagen preciosa que
    atesoras cada vez que la ves
Y la melodía de su risa te llena el corazón de dicha

Sus éxitos son para ti más importantes
    que los tuyos propios
Y su dicha es tu dicha

Sus pesares y sinsabores son también los tuyos
Porque cuando ella no es feliz, tú tampoco
    lo eres

Las hijas no son perfectas
    pero tú, Hija mía, le llegas cerca
Me has dado más dicha de lo que te imaginas

Tengo gratitud por tu ternura y comprensión
Y orgullo por cómo eres y cómo vives tu vida

Las palabras no expresan cuánto significas para mí
    o cuánto te amo
El amor es demasiado profundo, y la gratitud
    y el orgullo que experimento no tienen límites

Tú eres el mejor regalo que me dio la vida

— Barbara Cage

Hija mía,
hay tanto
para amar
en ti

Eres hermosa, inteligente,
generosa, servicial y amable...
una estrella brillante a mis ojos.
Tu destellante personalidad
    ilumina la habitación,
y cuando estás cerca,
    el ánimo mejora.
Se dice que todos necesitamos
    un poco de dicha
todos los días de nuestras vidas.
Bien, con el regalo que eres,
cada minuto es dicha.
Contigo, tengo una hermosa
    y especial hija
que trae tantas bendiciones
    a mi corazón.

— Jacqueline Schiff

Desearía que pudieras verte a través de mis ojos

En ti, veo una bella mariposa
que surge de su capullo,
Alguien que está creciendo
y cambiando.
Veo una mujer joven que está lista para
Encargarse del mundo y
De todo lo que le ponga en su camino.
Veo alguien que se defiende a sí misma
Y a aquellos a los que ama,
Alguien que ofrece
Una mano de ayuda,
Un hombro sobre el cual llorar,
Y una palabra amable cuando sabe
que alguien está mal.
Veo un ángel aquí en la tierra.

— Shannon Koehler

Cuando te miro, Hija, veo a alguien que tiene el valor y la fuerza para sobreponerse a muchos obstáculos. No importa cuántas veces caigas, te vuelves a levantar. Aun cuando quieres abandonar, no lo haces.

Veo a alguien que tiene un gran corazón. Haces que todos los que te rodean se sientan amados. Llegas a tantas vidas sin siquiera saberlo.

Veo a alguien que ha sido bendita no sólo con la belleza exterior sino con belleza interior. Este es el tipo de belleza que dura para siempre. El tiempo nunca podrá arrebatarte eso.

— Mary Adisano

Tú iluminas cada uno de mis días

Mi día se vuelve siempre maravilloso
cuando veo tu
hermoso rostro sonriendo con tal dulzura
Tal es el calor y la inteligencia
que de ti emanan
Parece que cada día
te haces más sabia y más hermosa
y cada día
estoy más orgullosa de ti

Al cruzar las distintas etapas de la vida
deberías saber que habrá
 muchas veces
en que te sentirás asustada y confusa
pero con tu fuerza y tus valores
terminarás siempre más sabia
y surgirás de tus experiencias
comprendiendo más a la gente
 y a la vida
Yo ya crucé
esas etapas
Así es que si necesitas consejo o alguien
 con quien hablar
para hallarle un sentido a las cosas
espero que hables conmigo
ya que siempre estoy tras el rastro
 de tu felicidad
mi dulce hija

     — Susan Polis Schutz

Qué significa para mí ser tu madre

Significa que he tenido la oportunidad de sentir que amo a alguien más que a mí misma. He aprendido cómo es sentir el placer y el dolor a través de la vida de otra persona.

Me ha traído orgullo y dicha. Tus logros me conmueven y me entusiasman como los de nadie más. Me ha traído algunas lágrimas y penas algunas veces, pero me ha enseñado a tener esperanza y paciencia. Me ha mostrado la profundidad, la fuerza y el poder del amor.

No ha sido siempre fácil y estoy segura de que he dicho y hecho cosas que te han herido o confundido. Pero nadie me ha hecho sentir tan satisfecha como tú simplemente por ser feliz. Nadie me ha hecho sentir tan orgullosa como tú, simplemente por asumir tus responsabilidades.

Ninguna sonrisa ha alegrado mi corazón como la tuya; ninguna risa me ha llenado de placer tan rápidamente como la tuya puede hacerlo. Ningún abrazo se siente tan dulce y los sueños de ningún otro significan tanto para mí como los tuyos.

Ningún otro recuerdo de malos tiempos se ha transformado milagrosamente en lecciones importantes o historias cómicas; los buenos tiempos se han convertido en tesoros preciosos para volver a vivirlos una y otra vez.

Eres parte de mí, y no importa qué haya pasado en el pasado o qué depare el futuro, eres alguien a quien siempre aceptaré, perdonaré, apreciaré, adoraré y amaré incondicionalmente.

Ser tu madre significa que he recibido el mejor regalo que me podía dar la vida: tú.

— Barbara Cage

Antes de que nacieras, soñé con tener una hija como tú

Uno sueña con tener una hija
por muchas razones...
algunas simples,
algunas dulces,
algunas tontas.

Yo te quise para poder compartir
    las cosas buenas de nuestro mundo:
cachorros gorditos y duraznos perfectos,
música y magnolias,
colibríes y lunas de agosto y abrazos.
Te quise para poder compartir
    las cosas buenas de crecer:
compartir en familia meriendas de campo
    en agosto,
jugar en la nieve,
sentirse segura, sentirse orgullosa
    y sentirse amada.
Te quise para poder compartir
    las cosas buenas de ser una niña:
vestidos plegados y trenzas,
susurros y secretos,
citas dobles y Nancy Drew y centros comerciales.
¡Brindo por los sueños hechos realidad, hija mía!
(Los tuyos y los míos también).

— Jayne Jaudon Ferrer

Agradezco cada día que seas mi hija

El día en que naciste mi vida cambió de muchas maneras increíblemente. En ese momento especial en que sentí por primera vez tu aliento en mi mejilla, me di cuenta de que mi vida nunca más sería la misma. Por el resto de mi vida iba a tener a esta persona increíble para amarla, criarla y protegerla. Incluso la manera en que me mirabas me decía tantas cosas sobre la felicidad que sentía. La forma en que tu pequeña mano tomaba la mía me daba la seguridad de que nunca más sentiría soledad y tu hermosa sonrisa siempre me expresó tu gusto por tenerme allí.

Aunque fue hace tanto tiempo,
todavía está fresco en mi mente. Sigo
sintiéndome así hoy. Todo el amor que
me aportaste entonces ha crecido junto
a ti. Cada día, estoy agradecida de que
seas mi hija. No puedo imaginar nada
más gratificante o maravilloso que verte
crecer y saber que he hecho todo lo
posible para ayudarte a superar cada
paso que has dado en tu vida.

Gracias por darme la oportunidad
de sentirme así. Tenerte como hija es
un tesoro que fue depositado en mi
corazón y en mi vida el día que naciste.

— Debra Heintz

Lo que significa tener una hija

A lo largo de los años, contemplar cómo mi hija crecía de la infancia a la edad adulta me llenó de una dicha inenarrable. De ella aprendí que el don más precioso de la vida es la familia que nos rodea.

— Linda E. Knight

Tener una hija significa anteponer su comodidad a la propia.

Significa intentar hacer lo mejor en cada momento de cada día para protegerla del mal.

Significa preocuparse sin cesar y a veces innecesariamente por ella y por todo lo que entra en su vida.

Significa desear sólo lo mejor para ella y sufrir en los momentos en que las cosas salen mal.

Significa darle todo lo que tienes para dar y sentir que su amor especial llena tu corazón más profundamente de lo que nunca imaginaste.

Significa amarla sin reservas y con todo tu ser por el resto de tu vida.

— Linda Sackett-Morrison

Una hija como tú...

Tener una hija como tú es sentirme gratificada cuando despierto cada día. Has seguido el camino del éxito y triunfado con tu actitud positiva, tus talentos y las lecciones que aprendiste.

Tener una hija como tú es sentir paz en mi corazón. No tengo que estarte encima, preocuparme innecesariamente por ti o preguntarme si estás protegida y segura. En lo profundo de mi alma, sé que eres una mujer fuerte, capaz y realizada que ha llegado adonde quiere en la vida.

Tener una hija como tú es oír la música de la diversión y las risas donde sea que vaya. Tu actitud de hacer, energía sin límites y entusiasmo por sacar el mayor provecho de cada situación son contagiosos y divertidos. Tu naturaleza animada me levanta el ánimo y me inspira.

Tener una hija como tú es estar en compañía de la mejor amiga que toma mi mano, me abraza y camina conmigo para superar mis dificultades. En ti tengo una compañera especial que comparte conmigo una comprensión particular de por qué somos afortunadas de ser amigas.

Tener una hija como tú es caminar sintiendo la felicidad en mi corazón por todo lo que compartimos.

— Jacqueline Schiff

Quiero que sepas y recuerdes...

Siempre que pienso en ti encuentro tantas esperanzas y recuerdos en mi corazón. Esos pensamientos y remembranzas... son mis tesoros favoritos y no hay nada que alegre mi corazón como ellos.

— Terry Bairnson

Tengo la mayor de las dichas de ser tu custodia,
   defensora y ser quien te sustenta.
Siempre me esforzaré por cumplir estas
   funciones con honor, confianza y respeto
   por tus ideas, sentimientos e individualidad.
Lo que más importa en la vida son las personas
   a las que uno ama y tú serás siempre una
   de las personas en mi vida que más amo.
Eres el verdadero significado de la vida.
Eres un sueño con todas sus esperanzas
   y promesas.
Eres amor infinito y puro.

— Linda Sackett-Morrison

Si pudiere,
te daría todas
las mejores cosas
que la vida puede ofrecer

Si pudiere te daría cosas eternas — como pensamientos alegres para elevarte sobre todos tus problemas y cálidos rayos de amor y amistad para que siempre estén en tu corazón.

Si pudiere cubrirte de felicidad cada momento, lo haría. Te envolvería en rayos protectores, asegurando que ningún problema afectara tu vida o desplazara tu dicha de vivir. Te tomaría la mano y te guiaría con seguridad por el camino de la vida, protegiéndote de todo mal.

Haría todo esto por ti, si estuviese en mis manos. Pero espero que veas que lo mejor de la vida ya es tuyo; comenzando por tu naturaleza independiente y el poder de elegir tu propia manera de encontrar la felicidad.

Igualmente, el mejor regalo que puedo darte será como siempre ha sido: mi gran amor por ti y mi creencia en que elegirás tu camino en la vida con honor e integridad, como siempre lo has hecho.

— Barbara J. Hall

Siempre desearé
lo mejor para ti

A menudo me encuentro concentrada
    pensando,
preguntándome dónde te llevará la vida.
¿Elegirás lo correcto
    o lo incorrecto?
¿Los errores que cometas
    te costarán más
de lo que piensas pagar?
Hay tantas cosas de que preocuparse,
    y sé que mis inquietudes no tienen fin.

Como madre quiero protegerte,
    pero me doy cuenta de que no puedo.
Sé que debes tomar tus propias
    decisiones,
sin importar si yo creo que están bien.
Lo que sea que decidas,
    te apoyaré y estaré allí para ayudarte
        con todo mi amor.
Confío en ti, como sé que
    tú confías en ti misma,
y respetaré tus elecciones.
Sin importar qué pase,
    siempre has seguido
        tus sueños
y te has aferrado a
    tus convicciones.
Eres mi corazón y mi alma.
Eres mi hija.
— Judith Trocchia-Cincotta

Espero que sigas elevándote a la altura de tus sueños

Fuiste una vez una pequeña que creía que podía ser cualquier cosa — desde una princesa a una veterinaria. Nada podía evitar que volaras sin temor adonde los sueños de los niños se vuelven realidad. Estabas segura de que tus deseos te llevarían a los lugares mágicos donde necesitaras estar.

Hoy eres una mujer joven que no siempre está segura de su destino. Tus sueños han sido moderados por la realidad y puestos en duda por las personas que intentaron cortarte las alas. Pero tú siempre te recuperas con toda la pasión de esa pequeña que está en tu interior, la que cree que hará realidad sus sueños.

Espero que siempre sigas luchando por tu derecho a ser "tú misma". Sigue siendo auténtica en tu forma de vivir y sigue elevándote hasta la altura de tus sueños. Sigue de largo sin miedo ante cualquiera que diga "No puedes hacer eso" y encuentra los lugares donde siempre puedas usar tus dones únicos. Hazle honor a esa pequeña que está en tu interior.

— Jacqueline Schiff

Hija, estoy tan orgullosa de ti

Constantemente
demuestras tu
increíble inteligencia, creatividad
y capacidad de trabajo
Tus logros
se multiplican
Haz alcanzado
alturas
muy superiores a tu edad
Estoy tan orgullosa de ti —
tu noble sentido moral
tu fortaleza
y tu sensibilidad

Eres una persona muy especial
porque sabes
mantenerte firme en tus principios
Creo que has descubierto
quién eres, pero —
quiero estar segura de que
estés en contacto
con tu corazón y tus emociones
y también con tu intelecto
para que puedas desarrollar
las relaciones estrechas que
junto con tus logros
te harán verdaderamente feliz
Tu faceta tierna y sensible
tendrá que combinarse con tu
faceta mundana
Y deberás aprender a
hacer caso omiso de las
        palabras hirientes
y de las alabanzas excesivas
Tú, solamente
haz de juzgar tu vida
Espero que
en el futuro tengas
más tiempo para ser libre
y hacer lo que quieras
Tú eres un alma muy creativa
que necesita volar
Estoy orgullosa de ti
y te amo
                    — Susan Polis Schutz

Esta niña mía

Mi hijo varón llegó como lluvia:
esperado y necesitado.
No hubo que pensar para amarlo;
fue como la hermosa mancha de nacimiento
color té que se escurría sobre su pequeño vientre,
como sus líquidos ojos azules que buscaban
el sentido bueno por venir.
Tan pronto pudo sostener un libro, lo hizo.
Leíamos al ritmo cardíaco del reloj,
el constante rumor invernal de la estufa.
Él escuchaba lo que yo tenía que decir
como si yo fuese una sabia, una canción, una madre.
Supe que nunca amaría a otro niño,
no de esa manera.

Sin embargo, dos años más tarde llegó mi hija,
una niña que se aferraba a la vida
como el amanecer se aferra a la luz.
Cuando estuvo preparada,
le puse un libro en sus manitos
y lo arrojó hasta la otra punta de la habitación,
lo arrojó como si fuera un juguete viejo,
un manojo de flores marchitas,
un corazón apenas dañado.
¿Cómo podía ser?
Esta niña mía
que no ama leer,
que no ama la sensación de peso,
el aroma terroso a tinta,
el nervio cerebral y secreto de los libros?
Bueno... ella ama las cosas que están fuera de los libros.
Ama las cosas de las que tratan los libros.

Ahora como adolescente,
todavía abraza tan fuerte como grita.
Tiene un jardín lleno de amigos,
como ella.
Tienen conversaciones dramáticas y crispadas.
Ella se siente tan, tan mal,
por una amiga que ha sido olvidada
por un novio.
Pero me doy cuenta de que no se siente tan mal.
Me doy cuenta de que está probándose la compasión,
como uno de esos abrigos arruinados
tirados en el rincón de su tumultuosa habitación.
Espero que elija la compasión.
Creo que lo hará, sus ojos castaños están llenos
de charcos refractarios de salvaje amor.

En la ciudad ella entrelaza firmemente mi brazo
con el suyo
y besa mi mejilla, con lo que me sorprende,
como si una mariposa se hubiese posado
allí rápidamente.
Cuando era una pequeña sus piernas
le dolían a menudo;
lloraba y decía que las piernas le temblaban.
Pero sus piernas ya no tiemblan más;
son fuertes y rápidas.
Sus pies resuenan con los tacones altos,
de sus zapatos a lunares,
que la llevan adonde ella quiere ir,
temeraria, rápida y precipitada hacia la vida.

No solamente la amo.
Me enamoro de ella todos los días.

— Jenny Scott

Para mi hija
que ama a los animales

Una vez por semana, tenga el dinero
o no, hago un cheque para pagar sus lecciones.
Pero hoy, mientras esperaba en el automóvil
a que terminara su tarea, después de envolver
las patas delicadas de esta, cepillar los abrojos
y el barro seco de la cola de aquel,
la vi detenerse y ofrecer su cuerpo
para rascar la cabeza a un caballo. Con un brazo alzado,
le ofreció toda la extensión de su costado.

Y él reconoció el gesto, comprendió
el regalo, se acercó sobre sus pezuñas aceitadas
y presionó su cabeza contra su tórax.
Desde la cadera hasta la axila restregó su cuerpo
hasta que para no caerse ella se apoyó sobre él
con todo su peso, el pie trabado
en un atadero para mantener el equilibrio.
Antes de los caballos, fueron las serpientes, enroscadas
en sus brazos como brazaletes africanos.
Y antes de eso, perros y gatos callejeros
de todos los colores, incluso los inadaptados,
los abandonados y los abusados.
Me llevó tanto tiempo aprender a amar,
a brindarme y entregarme a otro.
Ahora comprendo cómo siempre
los ha amado a todos, caracoles y arañas,
desde el principio, sin temor ni vergüenza,
ha visto hasta a los más pequeños, hormigas,
mosquitos, los escuchó y respondió
hasta el más suave de sus llamados.

— Dorianne Laux

Eres más que mi hija... eres mi amiga

A lo largo de los años te vi crecer, cambiar y cuestionar todo constantemente. Cuando eras pequeña, un sentimiento sobrecogedor en mi interior deseaba tenerte cerca y mantenerte a salvo y abrigada toda tu vida. Sin embargo, con el pasar de los años me di cuenta de que no podía hacerlo.

Ahora, después de años de dejarte que sigas tu propio camino y verte transformarte en una hermosa joven, nuestros papeles han cambiado. Todavía eres mi hija y yo todavía soy tu madre, pero el hecho más preciado es que nos hemos convertido en buenas amigas y tenemos una amistad que pasará la prueba del tiempo.

Mientras, siempre atesoraré la maravilla y la dicha de verte convertirte en una hermosa joven, siempre estaré orgullosa de decir, "Esta es mi hija". Pero por sobre todo, estoy orgullosa de decir que eres mi mejor amiga.

— Vicky Lafleur

Mi mujer preferida

Después de pasar el día juntas,
hablamos horas por teléfono.
Siempre hay algo más que decir.

Es la única persona
con la cual puedo ir de compras
y no ponerme impaciente
si se prueba muchas cosas
ni preocuparme porque tardo mucho
en decidir entre dos vestidos.

Solo con ella aún puedo reír como una niña,
por las cosas más tontas.
No le coso el ruedo a ninguna otra
ni limpio la cocina de otra.
Si me pide algo prestado,
no se lo pido de vuelta.

Intercambiamos recetas,
chismes sobre parientes,
y rememoramos el pasado.

Cuando critica, me importa.
Sus elogios significan más
que los de las amigas.

Es la mujer preferida para estar con ella.
Estoy hablando de mi hija.

— Natasha Josefowitz

Una pequeña oración que me gustaría compartir contigo

Quiero que tu vida sea maravillosa.
Deseo que tengas paz en lo profundo
    de tu alma;
dicha en la promesa de cada nuevo día;
estrellas para alcanzar, sueños que
    se hagan realidad,
y recuerdos más hermosos de lo que
    puedo describir.

Deseo que tengas amigos cercanos a tu corazón,
 aunque los separen millas;
personas amadas; los mejores tesoros que
 la fortuna nos da;
momentos presentes para vivir, un día
 a la vez;
serenidad, con su sabiduría; valentía,
 con su fortaleza;
y nuevos comienzos, para darle una oportunidad
 a la vida de brillar realmente.

Deseo que tengas la comprensión de lo especial
 que verdaderamente eres;
un viaje, a salvo de tormentas y con el calor
 del sol;
un camino que te lleve a destinos maravillosos;
una invitación a la abundancia que brinda la vida;
y un ángel que te cuide, durante todos los días
 por venir.

        — Douglas Pagels

Lo que hará un padre por su hija

Lo que hará un padre por su hija es
   acunar a su bebé enferma
hasta que el sol se asome en la oscuridad
mostrándole que la noche de preocupación ha terminado.
Tomará su pequeña mano en la suya
   y caminará lentamente cuando ella dé su primer
paseo a la heladería para compartir
   un cono lleno del cielo en la tierra.
Beberá de la tacita de té que ella ha puesto
   frente a él,
y en armonía con los animales de trapo
   cuidadosamente colocados en sus asientos
cantará loas a su gran hospitalidad.
Permanecerá sentado en los recitales de danza
   y desfiles de moda
donde él es el único en el público
y aplaudirá con el entusiasmo de
   mil personas.
La llevará de pesca y jugará al fútbol
y le mostrará el mundo exterior
como si él mismo lo viera por primera vez.
Tal vez sea así.
Se sentará con ella con sudor y lágrimas
   haciendo la tarea escolar
que debía haber entregado el día anterior,
y le sonreirá cuando terminen, al ver su alivio.
Colocará una mano firme sobre el hombro del
   joven que venga
para llevarla al baile de la escuela
expresándole en silencio cuál es su actitud y
   qué espera.

Observará con orgullo desbordante cuando su jovencita
acepte su diploma de la escuela secundaria
y rezará en silencio a Dios para que calme sus miedos
y le ayude a pasar el día.
Estará rebozante de conversación y muy
    feliz de escuchar
cuando ella llame a casa de vez en cuando,
aunque estén pasando el juego del año.
Suavemente plegará el brazo de ella alrededor del suyo
y con todo el valor y la fe
    a los que pueda aferrarse
caminará hacia el altar,
dando su mano pero conservando su juventud.
Será el primero en la sala de maternidad,
viendo en la ventana de la sala de bebés,
inspeccionando con atención las actividades
    del nuevo miembro de su familia;
otra parte de ella, otra parte de él.
La tranquilizará cuando el tiempo pase con furia
y las señales de su vejez comiencen a asustarla.
Acariciará su mano con una pasión
que ella nunca ha sentido
mientras le susurra su última voluntad.
Estará en su corazón durante toda su vida
cuando vea sus modales en los suyos
o sus rasgos en sus hijos.
Vivirá en las sonrisas
que dan gracia a su rostro
cuando ella recuerde las cosas que él hizo por ella.

— Cheryl D'Aprix

Voy a estar
allí para apoyarte,
pase lo que pase

Cuando necesites acudir a alguien, estaré
allí para apoyarte. Haré lo que sea que
haga falta y daré tanto como pueda... para
ayudarte a encontrar tu sonrisa y devolverte
a tierra firme.

Cuando simplemente necesites hablar, escucharé con mi corazón. Haré todo lo que pueda para oír lo que tal vez quieras decir pero no puedas encontrar las palabras apropiadas para hacerlo.

Nunca traicionaré la confianza que depositas en mí. Todo lo que haré es seguir queriéndote y haciendo todo lo que pueda para ayudarte. Si hay decisiones que tomar, tal vez te ofrezca una orientación. Si hay lágrimas que secar, las secaré con ternura.

Tu felicidad y tranquilidad están tan entrelazadas con la mía que son inseparables. Te querré verdaderamente, profundamente y completamente todos los días de mi vida. Puedes contar con ello.

— Douglas Pagels

Encuentra tu lugar especial, Hija

Virginia Woolf dijo una vez que
todos necesitamos tener un cuarto propio.
Tal vez no un cuarto, pero sí,
    definitivamente,
        un lugar
"donde ni la polilla ni la herrumbre corrompan,
donde los ladrones no entren ni roben."
Un paraíso en la tierra,
    si te parece
        un lugar revitalizador donde refugiarse
            cuando la frustración y la fatiga
                nos cercan como buitres hambrientos,
    un lugar donde no haya ningún problema,
    un lugar donde tu corazón se nutra,
    un lugar donde tu alma se alimente,
        un lugar donde te sientas en tu Hogar.

Mi lugar es
 el patio trasero de la casa de mi madre al atardecer,
  la niebla que hocica a las vacas pardas
  en el pasto que se extiende verde y exuberante
 al pie de la montaña...
  ranas arborícolas que cantan con las cigarras,
  sus coros vibrantes
 un recuento yin y yang áureo de
  los sucesos del día.
Y al tornarse grises las últimas pinceladas
 rosas del cielo,
 el espectáculo de luciérnagas comienza,
  lunares amarillos que destellan perezosos
  como tímidas linternas
   que bailan en la quietud que se oscurece.

Encuentra tu refugio, mi querida,
 ese lugar de escape y
  restauración garantizada
 que te dará libertad,
  te dará plenitud,
   te llevará a casa.
Nosotras las madres nos preocupamos por tantas cosas:
 ¿estás segura? ¿estás satisfecha?
 ¿eres feliz? ¿eres amada?
pero nos preocupamos menos si sabemos
 que donde sea que te lleve la vida,
 sea lo que sea que te brinde,
hay un lugar al que llamar Hogar
 en tu corazón.

       — Jayne Jaudon Ferrer

Lecciones de vida en el camino hacia tus sueños

Atesora tus sueños; como tu vida, son un don maravilloso. Acepta y agradece que eres una de las que más responsabilidad tiene para hacerlos realidad. Sé tu mejor amiga. Date aliento para seguir.

Elige tus propios pensamientos, porque si no lo haces también estás eligiendo y tienes que aceptar lo que obtienes. En el ojo de tu mente, crea una imagen positiva que atraerá lo que deseas hacia ti. Tu intuición es poderosa, úsala. Mantén tus deseos ardiendo. No temas tomar riesgos calculados.

Infórmate. Haz la conexión entre tus pensamientos, tus acciones y los resultados que obtienes. La calidad acumulada de tus acciones tejerá la trama de tu destino. Vive tu vida conscientemente, no dejes que tu vida te viva.

Mira tus circunstancias como lecciones de vida más que como adversidades. Observa cuidadosamente tu dicha. Atesórala. Reconoce tus dones, no importa lo pequeños que parezcan. Eres una estudiante en la escuela de la vida y en muchos sentidos tu maestra. Agradece las lecciones que has aprendido y disfruta de la vida, de los otros y de ti misma.

— Donna Fargo

Sigue intentando alcanzar las estrellas

Día a día, año a año
te he visto crecer
te he visto aferrarte a la vida
con gracia y determinación
apoderándote de ella
moldeando tus sueños en la realidad
te he visto llenarte hasta el tope
con felicidad y orgullo
con cada nuevo logro
he visto tu corazón herido
y sentido tu dolor
cuando las lágrimas saltaban de tus ojos
Conozco la tristeza que te consume
cuando aquellos a los que deberías importarle
menosprecian tu ambición
intentando tomar el control de tu destino

He visto rastros de duda comenzar a invadirte
rasgando tu autoconfianza
y comienzo a preocuparme de que tal vez esta vez
no te recuperes
Pero después de permitirte a ti misma
sentir el dolor
derramar las lágrimas
te recuperas
Más fuerte y determinada
refuerzas el control sobre tu vida
dejando atrás lo negativo
Hija mía
sigue intentando alcanzar las estrellas
y al final serán tuyas

— Sharon M. McCabe

No te pongas límites

Deja que haya muchas ventanas
   abiertas a tu alma,
Que toda la gloria del universo
La embellezca.

— Ella Wheeler Wilcox

Cuando le pones límites a lo que puedes lograr, acabas por engañarte a ti misma y perdiendo oportunidades asombrosas. No dejes que eso suceda. No permitas que el miedo controle lo que podría ser tu destino.

Ten fe en ti misma y disciplina para llevar a cabo las cosas y verás como tu vida se abrirá ante tus ojos. Esfuérzate por hacer las cosas lo mejor posible y eventualmente tus sueños se harán realidad.

— T. L. Nash

Cree en ti misma, Hija...

Cree en quien eres
como espíritu en libertad...
Nunca midas tu vida
con las reglas de otros,
vive de acuerdo
a tu espíritu interior,
y baila al ritmo de tu propia música.

Vive honestamente
y acepta estos dones...
tu belleza,
tus diferencias,
tu humanidad...
Nunca dudes de ti,
tu decisión de amar,
o tus elecciones.

Es tu derecho en esta tierra
defender con fuerza
lo que creas que
sea tu verdadero destino
o tu dirección.

¡No vaciles ...ni te descorazones!

— Pam Reinke

...como yo creo
en ti

En tus ojos veo...
> Fortaleza y ternura
> Esperanza que no ha visto
>> desesperación
> Potencial

En tu mente veo...
> Deseo de verdad y conocimiento
> Reconocimiento de lo correcto
>> e incorrecto
> Determinación

En tu corazón veo...
> Dicha y compasión
> Un sentido de lo que es
>> amable y bueno
> Amor intrépido

En las estrellas veo...
> Un viaje de mil
>> picos y valles
> En una vida destinada
>> a ser extraordinaria

— Pat Fream

Eres realmente única

Fuiste depositada en esta Tierra
con talentos y habilidades únicas.
Tus experiencias
y tu forma de ver el mundo
son tuyos — únicamente tuyos.

Honra los dones preciosos
    que has recibido
perfeccionando y puliendo tus talentos
    hasta que brillen como diamantes.

Celebra tu vida,
todo lo que eres
y todo lo que puedes ser,
dándole a tu alma
la libertad de cantar, bailar, crear,
    elevarte hasta alcanzar el cielo.

Comparte la belleza que has creado
y deja que ilumine el mundo
    como mil velas encendidas.

— Jason Blume

Te prometo

Cuando estés feliz,
   te amaré
      con mi alma alegre.
Cuando estés afligida,
   te amaré
   con mi alma entristecida
      por tus lágrimas.
Cuando tengas razón,
   te amaré
      con mi alma orgullosa.
Cuando te equivoques,
   te amaré
      con mi alma que aprendió
         a aceptar.

Cuando tengas éxitos,
    te amaré con mi alma triunfante.
Cuando fracases,
    te amaré
        con mi alma que aplaude
            tus esfuerzos.
Cuando sueñes,
    te amaré
        con mi alma llena de aliento.
Cuando conozcas desengaños,
    te amaré
        con mi alma fuerte para sostenerte.
Cuando seas tú misma, simplemente,
    no importa en qué disposición
        o fase de tu vida,
    te amaré con toda el alma
        y mucho más de lo que jamás sabrás.

— Linda Sackett-Morrison

Siempre serás
mi hermosa hija

Hoy te miré
y vi los mismos bellos ojos
que me miraron con amor
cuando eras un bebé
Hoy te miré
y vi la misma bella boca
que me hizo llorar cuando por
    primera vez me sonreíste
cuando eras un bebé
No hace tanto tiempo
que te tenía en mis brazos
largo rato después de haberte dormido
y yo seguía meciéndote
toda la noche

Hoy te miré
y vi a mi hermosa hija
no como un bebé
sino como una hermosa persona
pletórica de emociones
sentimientos, metas e ideas
Cada día me emociona
verte crecer
Quiero que siempre sepas que
en buenos y malos tiempos
yo te amaré
y que hagas lo que hagas
pienses lo que pienses
digas lo que digas
podrás confiar
en mi apoyo, consejo
amistad y amor
cada minuto de cada día
Adoro ser tu madre

— Susan Polis Schutz

Nunca nadie estará en mi corazón como lo estás tú

Por todas las veces
Que nuestros días fueron implacables
Y las cosas parecieron demasiado
    apresuradas;

    Por todas las veces
    Que creciste un poco más rápido
    Porque no siempre pude estar a tu lado;

Por todas las veces
Que me oíste enojada y frustrada
O me viste impaciente;

    Por todas las veces
    Que pensé que estaba escuchando
    Y luego me di cuenta de que no te oí.

He llorado una y otra vez
Porque tal vez lo que no viste fue…

Todas las veces
Que reí y me jacté de ti,
Tu ingenio, tu inteligencia;

> Todas las veces
> Que permanecí sentada con un nudo
> en la garganta,
> Ahogándome con lágrimas de orgullo
> Al verte actuar;

Todas las veces
Que me di cuenta de lo rápido que crecías
Y te convertías en un magnificente,
Ser individual;

> Todas las veces
> Que me maravillé ante tu perfección
> Cuando te miraba dormir.

Por todos los tiempos pasados
Y todos los por venir,
Nadie estará en mi corazón
Como lo estás tú.

— Laurie Winkelmann

Hija mía,
hay tantas cosas
que quisiera
que supieras...

Quisiera que supieras...

La pena que siento...
cuando te veo luchar con
tus decepciones, fracasos,
o un corazón malherido.

Quisiera que supieras...

La tristeza que siento...
cuando no puedo rescatarte
de tus errores o tu dolor.

El orgullo que siento...
cuando veo tu feroz determinación
por alcanzar tus metas y sueños.

La dicha que siento...
cuando veo tu bondad hacia los demás.

El amor que siento...
al verte convertirte
en todo lo que siempre quise
en una hija.

Quisiera que lo supieras...
y ahora lo sabes.

— Amy D'Agostino

"Hola, pequeña"

Hoy miré tu fotografía
    y susurré, "Hola, pequeña".
Excepto que ya no eres pequeña;
creciste y vives tu
    propia vida.
Aunque eso es exactamente lo que
    quiero para ti,
hay una parte mía que no puede dejar ir
a la niña que fuiste.

Recuerdo acunarte hasta que
    durmieras por la noche
y tener dificultades para ponerte en
    tu cuna
porque adoraba la manera en que
    te acurrucabas contra mí.
Todavía puedo verte aprendiendo a gatear.
Recuerdo cómo me seguías
de una habitación a otra,
imitando todo lo que hacía.

Sé que la vida continúa,
y ahora eres una mujer de la que puedo estar
    orgullosa,
una mujer cuya amistad atesoro.
Pero a veces
pienso en los días
    de tu infancia
y desearía tener la oportunidad de hacerlo
    todo de nuevo.

Deseo que el resto de tu vida esté lleno
de todo el amor que tu corazón pueda contener.
Deseo que cumplas con cada meta
que te impongas.
Deseo que sepas que siempre
    te amaré.
Eres la mujer que esperaba
    que fueras,
sólo ocurrió más rápido de lo que
    había anticipado.
Así que por favor sopórtame si me oyes
    susurrar, "Hola, pequeña".

— Lea Walsh

Para una hija
que parte de casa

Cuando te enseñé
a los ocho a montar
bicicleta, corriendo
a tu lado
te ibas zigzagueando
en dos ruedas redondas,
mi propia boca redondeándose
por la sorpresa cuando te despegaste
en el camino
curvado del parque...

me quedé esperando
el estruendo
de tu choque mientras
corría para alcanzarte,
cuando te hacías
más pequeña, más frágil
con la distancia,
pedaleando, pedaleando
por tu vida, gritando
y riendo,
el cabello flotando
detrás tuyo
como un pañuelo
diciendo adiós.

— Linda Pastan

Lleva estos regalos contigo siempre

Amor... para brillar como el cielo azul sobre ti donde sea que vayas, para que siempre sepas que estás en el corazón de muchas personas.

Luz... para ver el final del túnel cuando estés luchando con tus problemas, para que siempre sepas que tienes el poder interior para sobrevivir y triunfar.

Canciones de cuna... para llenar tu mente con recuerdos de infancia, para que te concentres en los buenos momentos y en la gente fantástica que nutrió tu crecimiento, sonrió ante tu potencial y caminó junto a ti en todos los senderos que te llevaron a tus sueños.

Risas… para mantenerte sana en cuerpo y mente, para darte la habilidad de contar buenos chistes, ser cómica y ejercitar tus carcajadas, para recordarte que la vida es demasiado breve para tomarla tan seriamente.

Una escalera… lo suficientemente alta como para que te subas y llegues a tus estrellas.

Una cuerda de seguridad… para anclarte, apoyarte y mantenerte yendo hacia adelante en forma positiva cuando te enfrentes a una crisis, así siempre sabrás que eres una sobreviviente.

Muchísima buena suerte… para ayudarte a cumplir tus deseos, así siempre sabrás que tus posibilidades son ilimitadas y que el éxito es tu destino.

— Jacqueline Schiff

Si tan sólo el tiempo
no fuese
tan rápido

Por cierto siempre supe
que algún día tú serías
una mujer con su propia vida,
en pos de sueños creados
    durante años.
Te sentabas frente a mí
sonriendo esa sonrisa
que me traía a la memoria
tu rostro de niña.
Un millón de recuerdos
aparecían en mi mente,
y me llenaba de orgullo
verte como eras
y de agradecimiento
de que seas una bendición para mí.
Y henos aquí.
Todo ocurrió demasiado rápido —
yo sabía que así sería.
Pero tú eres tan hermosa,
y cada vez que te contemplo,
me inundan los recuerdos
    de tu infancia
y admiro a la mujer
en que te has convertido.

— Kellie L. McCracken

Me has traído tanta dicha

El mejor regalo que una madre puede recibir es una hija, una pequeña rosada que une su preciosa vida a los corazones de su madre y trae a su mundo el sentimiento de amor más increíble.

De ese amor crece un rostro con coletas, valeroso y feliz que llena el hogar de risas. Los dibujos que todavía están guardados son sólo una pequeña parte de los maravillosos recuerdos que una hija deja.

A medida que crece y florece, comienza a vislumbrarse una mujer, con esperanzas, sueños y la determinación de hacerlos realidad. Explora su independencia pero logra una manera de mantener a sus padres junto a su corazón. Es brillante y apasionante y permite que sus padres vayan por la vida destellando de orgullo.

Mientras su hija continúa creciendo, la madre comienza a darse cuenta de que ha tenido éxito en convertir a la pequeña niña en una mujer: hermosa, inteligente y la mejor amiga que alguien puede desear.

— Debra Heintz

Espero que sepas
cuánto
se te ama

Quizás no comprendas
cuánto significa tu vida
para los que te rodean;
cómo nuestros días son más diáfanos
    porque tú estás aquí
y el sonido de tu risa
conmueve los corazones de todos
    los que te rodean.

Tu presencia agrega algo especial
    e invaluable al mundo.
Traes dicha a los que te aman
y una sonrisa a todos los que se cruzan contigo.
Aunque tal vez no lo sepas,
    tu vida es un regalo atesorado.

Con cada nuevo día, espero
que sepas cuánto
se te ama.

— Star Nakamoto

Estos son mis sueños para ti, Hija

Sueño con tu felicidad, deseo que seas feliz de ser quien eres y por todo lo que significa tu vida. Sueño que siempre tengas amor, porque es lo que nos mantiene en contacto con lo real y verdadero. Sueño que vivas en paz. Deseo que tu vida tenga equilibrio.

Sueño que tengas éxito. Deseo que logres tus metas y ambiciones y que decidas tus prioridades con cuidado. Sueño que siempre tengas buena salud, bienestar y armonía física, emocional y espiritual. Sueño que te rodee gente solidaria y cariñosa que te ame sin medida. Sueño que tengas un futuro sólido y seguro. Deseo que encuentres cosas buenas y nunca tengas carencias. Sueño que en tu vida haya risas, la fuente natural de sanación.

Sueño que seas fiel a ti misma. Nunca pierdas de vista a la hermosa niña que fuiste una vez y la maravillosa mujer que eres hoy. Mantente fiel a tu identidad y nunca dejes que las distracciones externas te desvíen. Escucha lo que te dice tu corazón.

Sueño que tengas fortaleza. La vida será bondadosa pero tendrás que pasar por pruebas. Deseo que fortalezcas tu carácter con las lecciones de la vida. Mantén tu frente en alto y conserva tu orgullo.

Sueño que permanezcas cerca de mí, no importa cuán lejos estés. Eres mi hija y te amo. Nada ni nadie cambiará nunca lo que siento por ti. Vives en mi corazón. Siempre tendré sueños para ti.

— Debbie Burton-Peddle

Tu felicidad es
lo que más deseo

Deseo que siempre veas la bondad
    en este mundo,
que cumplas con tu parte en ayudar a
    los menos afortunados,
que camines de la mano con aquellos
    menos talentosos,
que sigas a aquellos con mayor conocimiento,
que seas una igual con aquellos que son
    diferentes.

Deseo que encuentres un propósito especial para ti
        en este mundo tan lleno de opciones
y que ayudes a guiar a los extraviados.
Deseo que te conviertas en tu propia persona,
que te distingas de aquellos que
        son iguales.
Deseo que tengas la confianza para negarte
        cuando sea necesario
y la fortaleza de ser independiente.
Deseo que te apruebes a ti misma
que ames y respetes todo lo que
        eres y serás.
Deseo que madures los frutos
        de tus talentos,
que camines con orgullo por el camino de la vida,
que seas humilde con tus éxitos,
y te unas en las alabanzas y dichas de los otros.

Sobre todo, deseo que seas feliz.
Porque cuando eres feliz,
        tienes la llave que abrirá todas
            las puertas del mundo para ti.
Lo que sea que decidas, en quien sea que te transformes,
mi amor por ti es incondicional;
mis brazos y mi corazón están siempre abiertos para ti.
Mis deseos para ti son que algún día
conozcas la dicha que sólo una hija puede traer
y que todos tus deseos se hagan realidad.

— Jackie Olson

Tengo el honor y el orgullo de ser parte de tu vida

Has trabajado mucho y sacrificado muchas cosas para hacer realidad tus sueños. Has luchado contra la adversidad para reclamar momentos de orgullo. Has tenido desafíos y los has superado con más inteligencia, más fortaleza y más confianza que nunca en tu habilidad para ser dueña de tu vida.

Has tenido relaciones sentimentales que no funcionaron, pero nunca dejaste caer tu ánimo, tuviste la fortaleza para transformar esos momentos de lágrimas en experiencias de aprendizaje y crecimiento. Seguiste hacia adelante, superándote.

Nunca te has dejado definir por un solo logro, has sido una presencia positiva y siempre has hecho todo lo mejor posible. Has ayudado a muchos y tu luz ha brillado donde sea que has ido.

Haces honor a tu familia y al orgullo que resplandece en mi corazón. A medida que avanzas para cumplir más y más sueños, espero que sientas mis abrazos con el más profundo amor y la cercanía de una madre que está tremendamente orgullosa de ti.

— Jacqueline Schiff

Hija,
en este mundo loco
en que vivimos,
es bueno saber que
algunas cosas
nunca cambiarán

No importa lo que esté pasando
   en el mundo.
No importa qué preocupaciones
   o frustraciones aparezcan.
No importa qué alegrías o
   qué tristezas te visiten.
No importa cuántas cuentas te traiga
   el correo.
No importa cuán buenas o cuán malas
   sean las noticias del día.
No importa si es un bello día
   o no lo es.
No importa cuántas veces se
   te pierda la sonrisa.
No importa cuán difícil o
   exigente sea la vida.
No importa lo que esté pasando
   en cualquier lado y momento...

Siempre estarás en mi corazón. Siempre
estarás en mis pensamientos. Y siempre
desearé poder encontrar una manera de
recordarte... que eres la hija más hermosa
y maravillosa que pueda existir.

— Douglas Pagels

Estás en mi corazón para siempre

La primera vez que te tomé en brazos y envolviste mi dedo índice con tu manito, sentí que mi corazón se hinchaba de dicha y orgullo inconmensurables. Supe que mi vida había sido tocada milagrosamente de una manera que la transformaría en cada una de sus dimensiones para siempre.

Desde el momento en que naciste, te transformaste en el centro de atención de mi existencia. Tu sonrisa fue un rayo de sol en mi corazón. Tu felicidad el único tesoro que busqué.

Y así comenzó la gran paradoja de la maternidad. Porque cuando tu manito tocó la mía, supe que había sido elegida para criarte, amarte y darte la fortaleza para desprenderte.

Desprenderse no es fácil. Pero te miro ahora, una hermosa joven, con fuertes convicciones y determinada a enfrentar la vida a tu manera y todavía siento cómo mi corazón se exalta de orgullo y dicha.

Mis sueños para tu vida pueden no ser siempre los mismos que tú buscas. Pero una cosa sigue siendo igual: tu felicidad siempre será mi mayor tesoro. Sé ahora que el verdadero milagro de ese primer contacto reside en una verdad simple: aunque tu mano se suelte y se aleje de la mía, en nuestros corazones estaremos tomadas de la mano para siempre.

— Nancy Gilliam

Hija,
eres el mejor don
que me ha dado la vida

Los recuerdos me inundan al
contemplar los años pasados.
Quiero conservarte junto a mí
pero al mismo tiempo admirar
tu alto vuelo y tu libertad...

Tienes un espíritu
    y una entereza toda tuya.
Eres una hacedora y una triunfadora
    en lo que merece tu fe.
El orgullo me sobrecoge
    cuando pienso en tus aspiraciones
y tu determinación de hacerlas realidad.
Tu mundo resplandece novedoso,
    y estalla en posibilidades.

Es tan fácil recordar
    tus primeros pasos
y como te tendí la mano
    para que de ella te aferraras.
Con cada año que pasa,
    más son los pasos que das,
y algunos de esos pasos con el tiempo
    te llevarán lejos de mí —
pero no olvides jamás que mi mano
    y mi corazón
para siempre están aquí.
Tú eres el mejor don de la vida para mí,
    y te amo de todo corazón.

— Vickie M. Worsham

RECONOCIMIENTOS

La siguiente es una lista parcial de autores a quienes la casa editora desea agradecer específicamente por haber otorgado su permiso para la reproducción de sus obras.

Loyola Press, www.loyolapress.org, por "Uno sueña con tener una hija…" de "Dream Weaver" y "Virginia Woolf dijo una vez que..." de "Homage" de DANCING WITH MY DAUGHTER por Jayne Jaudon Ferrer. Propiedad intelectual © 2004 de Jayne Jaudon Ferrer. Todos los derechos reservados.

Debra Heintz por "Agradezco cada día que seas mi hija" y "Me has traído tanta dicha." Propiedad intelectual © 2008 de Debra Heintz. Todos los derechos reservados.

Jacqueline Schiff por "Espero que sigas elevándote a la altura de tus sueños" y "Tengo el honor y el orgullo de ser parte de tu vida." Propiedad intelectual © 2008 de Jacqueline Schiff. Todos los derechos reservados.

Jenny Scott por "Esta niña mía." Propiedad intelectual © 2008 de Jenny Scott. Todos los derechos reservados.

BOA Editions, Ltd., www.boaeditions.org, por "Para mi hija que ama a los animales" de WHAT WE CARRY por Dorianne Laux. Propiedad intelectual © 1994 de Dorianne Laux. Todos los derechos reservados.

Natasha Josefowitz por "Mi mujer preferida" de NATASHA'S WORDS FOR FAMILIES. Propiedad intelectual © 1986 de Natasha Josefowitz. Todos los derechos reservados.

Cheryl D'Aprix por "Lo que hará un padre por su hija." Propiedad intelectual © 1998 de Cheryl D'Aprix. Todos los derechos reservados.

PrimaDonna Entertainment Corp. por "Lecciones de vida en el camino hacia tus sueños" por Donna Fargo. Propiedad intelectual © 2008 de PrimaDonna Entertainment Corp. Todos los derechos reservados.

T. L. Nash por "Cuando le pones límites...." Propiedad intelectual © 2008 de T. L. Nash. Todos los derechos reservados.

Pam Reinke por "Cree en quien eres...." Propiedad intelectual © 2008 de Pam Reinke. Todos los derechos reservados.

Pat Fream por "En tus oyos veo...." Propiedad intelectual © 2008 de Pat Fream. Todos los derechos reservados.

Jason Blume por "Eres realmente única." Propiedad intelectual © 2008 de Jason Blume. Todos los derechos reservados.

Amy D'Agostino por "Hija mía, hay tantas cosas que quisiera que supieras...." Propiedad intelectual © 2008 de Amy D'Agostino. Todos los derechos reservados.

W. W. Norton & Company, Inc., y Jean V. Naggar Literary Agency, Inc., por "Para una hija que parte de casa" de THE IMPERFECT PARADISE: POEMS por Linda Pastan. Propiedad intelectual © 1989 de Linda Pastan. Todos los derechos reservados.

Debbie Burton-Peddle por "Estos son mis sueños para ti, Hija." Propiedad intelectual © 2008 de Debbie Burton-Peddle. Todos los derechos reservados.

Hemos llevado a cabo un esfuerzo cuidadoso para identificar la propiedad intelectual de los poemas publicados en esta antología, con el objeto de obtener los permisos correspondientes para reproducir los materiales registrados y reconocer debidamente a los titulares de la propiedad intelectual. Si ha ocurrido algún error u omisión, ha sido totalmente involuntario y desearíamos efectuar su corrección en ediciones futuras, siempre y cuando se reciba una notificación por escrito en la editorial:

BLUE MOUNTAIN ARTS, INC., P.O. Box 4549, Boulder, Colorado 80306, EE.UU.